바람을 물들이다

박 인 애 시집

제3의 문학

작가의 말

그리움은 늘 한 방향으로 흘렀다.
엄살만큼 힘들었을 때조차도.

바람이 구름을 밀고
창이 열리어 강물이 되면
비늘이 찢기는 물결이다가
연어는 강줄기를 붙잡고 올랐다.
아버지가 그랬던 것처럼
바람의 창공을 향해서 말이다.

내게 묻는다.
왜 쓰냐고?
글은 존재를 앞선다.
허기진 언어를 부축하는 지판기의 타전 소리.
통곡의 벽이 되어주었던 시,
덕분에 얹힌 밥알이 삭고 숨통이 트였다.

시간은 멈췄고 사유는 시간을 거슬러 간다.
삶은 관 속에 꿈을 낳고 죽음이 저만치 간다.
현실은 실상의 허구라지만
그림자는 바람을 물들인다.

어쩌면 궁색하고 축축한 언어들이
시간의 이삭을 줍고
나의 궤적들을 훑으며 지나 갈 것이다.

2015년 가을을 마중하며
박 인 애

차 례

차 례

차 례

제3부_ 남이라는 이름으로

차 례

차 례

1부

사진을 찍는 이유

period

"언니,
제가 요즘 '평' 자만 들어도 울렁증이 나요
논평論評하라 평론評論하라 비평批評하라
감상문이면 감상문이지 비평적 감상문은 또 뭐래요
뭔 놈의 평이 그래 많은지 평에 치여 죽을 것 같아요"

전화기를 타고 흐르는 정적

.

.

.

마침내 내려진 불후의 처방

"이-잉, 그려?
그라믄 니가 평정을 해 부러라"

p.e.r.i.o.d.

내 인생의 푸시맨

그를 만난 건 행운이었다
주저앉아 탓만 하던 내게
조건 없이 지식을 나눠주고
응원해 주었던 그는
자격증을 갖춘 선생보다
훌륭한 스승이었다

간신히 날갯짓을 할 무렵
힘차게 등을 밀어주었다
이제 혼자 가라고
겁내지 말고
세상 속으로 들어가라고

그땐 몰랐다
유리 구두를 신는 것이
인생의 전부가 아니라는 것을
욕심은 결국 죄를 낳는다는 것을
밀어 줄 사람 없는
등이 시리다

딸의 꿈속에서

여섯 살 박이 딸은
커서 화가가 되고 싶단다
예쁜 꽃이 피었다 지는 게 슬프고
멋진 구름이 머물다 흘러가는 게 아쉽고
새들이 놀다 날아가는 게 속상하다고

아이의 스케치북엔
사시사철 장미가 만발하고
파란 하늘엔 구름가족이 모여 산다
해는 뾰족뾰족 빛나는 왕관을 쓰고
담장위엔 봄에 왔던 예쁜 새가 살아있다

종이와 크레용만 있으면
세상의 모든 것은
딸의 궁전에 갇히고
남편은 왕
나는 유리성의 왕비가 된다
도화지 안에서 잠들고 싶다

만학의 꿈

트럼펫 연주자, 가수, DJ, 음악선생님
한 때 내 이름 앞에 그런 호칭이 붙었으면 했다
성공하지 못하면 취미 생활로 묻혀버리는 꿈
계집애가 나팔 불어 딴따라 될 거냐고
가수고 디제이고 꿈도 꾸지 말라던 엄마
요즘 실용음악과가 인기라던데
전공을 했다면 학원선생은 면했을까
말로는 음악이 있는 자리면 족하다면서
마음은 빛나는 자리가 부럽다

꿈을 품고 돌아간 학생의 자리
두 마리 토끼를 잡기가 쉽지 않다
하나 넘었나 하면 또 하나가 기다리는
배움의 길은 허들 경기
사방이 장애물이다
외우고 돌아서면 흐려지는 기억력
리포트 보다 무서운 지필고사
시력도 체력도 바닥이다

힘들어도 하소연 할 곳이 없다
내가 좋아 시작한 일
포기 할 수 없다면 넘을 수밖에
먹고 돌아서면 돌아오는 밥 때

여자들이 부엌에만 안 들어갔으면
나라도 구했을 것이다
아내, 엄마, 며느리, 아줌마
그런 호칭 말고
내 이름 석 자로 불리며 살고 싶다

딸이 보내준 문자 메시지
죽비보다 뜨끔하다

잠을 자는 사람은 꿈을 꾸지만,
깨어있는 사람은 꿈을 이룬다

그래, 좀 모자라면 어떤 가
달려보는 거다

무채색이어도 괜찮을까요?

잘 나가는 시인이 물었다

"무슨 일을 하세요?"
"시를 씁니다"
"아, 시인이시구나, 시집은요?"
"시집은 진즉 갔습니다. 딸도 있구요"
'괜히 물었나?' 하는 얼굴이다

찔린 곳에서 기어 나오는 구질구질한 변명들
'얼어 죽을, 시인은 무신……'
시끄러운 속 달래는 덴 소주가 최고다

휘청거리며
시詩 사이로 걸었다
어둡고
축축하고
색깔도 없는
구차한 궤적들!

무채색이어도 괜찮을까요?
눈물에 젖었는데
이대로 내 놓으면 마르긴 할까요?

사진을 찍는 이유

셔터 소리에서 포스가 느껴진다
전깃줄에 앉아 수다 떠는 까마귀
태양을 삼킨 호수
웃통을 벗고 달리는 남학생
이른 봄이 불러 낸 민들레
여름 들판을 수놓은 해바라기
느릿느릿 움직이는 소의 행렬
우악스럽게 퍼붓는 장마 비
새록새록 매일 다른 늦둥이 딸

내 더듬이는
안테나를 세우고 바삐 움직인다
순간을 놓칠까 봐
세월이 선물한 아름다움을
기억하지 못할까 봐
낡은 사진기를 끼고 다니며
안경 너머 세상을 훔친다

'ZOOM IN'

생각해보면
떠나는 것이 두려워
모두 가두고 싶은 것이다

시인의 독백

태풍에 허리가 꺾이고
생살이 뜯긴 몸뚱이에서
빨간 단풍잎이 얼굴을 내밀었다

어떤 모습으로든지 살아만 있으면
다시 피워낸다는 것을 보여준
희망의 단풍나무

지금은 꺾이고 부러져 진흙탕을 뒹굴지만
어느 날 내 시도
다듬어진 언어로 새롭게 태어나
누군가의 손을 잡아줄 수 있을까

바람이 깊다 해도
꺾을 수 있는 건 생각이 아니다
만질 수 없는 마음에
시심은 악착스레 살아남아
또 다시 잎을 피워내겠지

그 외침을 써 내려 갈
부러진 연필을 깎는다

작가를 꿈꾸며

어떤 문인이 비아냥거렸다
한 우물만 파야지
왜 이것저것 기웃거리느냐고
한심해 보이는 모양이다

소재를 보면 갈리는 패
어느 장르로 튈지
나도 모르는 것을 어쩌란 말인가
내가 꿈꾸는 문학은
장르에 구애 받지 않고 쓰는 것

정한 곳은 없다
틀이란 감옥에서 벗어나
감정의 나침반이 지시하는 방향으로
걸어가 볼 것이다

The 38th Parallel

두 동강 난 허리
어이 붙일까
잠깐의 이별이
이렇게 길어질 줄이야

철새 떠난 빈 하늘
잿빛이 두렵다
망배단에 엎드려 올리는 망향제
들썩이는 어깨 실향의 눈물

무너져라 삼팔선
열려라 고향길이여
철마의 통곡소리
이월 꽃샘추위에
향불이 흔들린다

독도의 날

아침뉴스에 비친 독도 앞바다
수심 15미터 아래 감옥이 생겼다
물고기 떠난 자리에
인간의 이기가 낙태한 해양쓰레기
철판에 깔려 구조를 요청하는
해초들의 가녀린 몸짓
번지 잃은 불발탄은 말이 없다

방송국 카메라가 훔친 섬 풍경
일순간 뒷골이 쫙 당겼다
조류에 밀려 온 주소 없는 쓰레기
김칫국물로 염색한 나무젓가락
부끄러운 내 얼굴 같아서
애꿎은 손톱만 물어뜯었다

우리 땅이라고
그 섬을 지켜내겠노라고
붉은 띠 이마에 두르고
규탄하던 이들은 어디로 갔을까
뉴스에 얼굴 도장만 선명하게 찍었다

쓸쓸하게 펄럭이는 태극기
파도를 앞세운 바다가 운다
밥알이 목구멍에 걸려 입술만 달싹거렸다
그마저도 못한 죄인이어서

수렵도의 비밀

벽에서 천년 묵은 함성이 먼지처럼 흩날렸다
사슴들의 거친 숨소리와 말발굽 소리
튀어 오르는 고구려의 흙

몇 광년의 시간을 통과하여
내게로 다가온 별똥별처럼
고대로부터 떨어져
심장에 박히는 먼 북소리

북소리가 울리면
호랑이 무늬를 닮은 산과
거친 들이 하나 되어
쫓고 쫓기는 한 판 사냥놀이
피 흘려 진설陳設 되는 희생도
놀이 같은 진설자의 땀방울도
어우러져 한 판 춤이 되는 사육제

힘껏 당긴 활시위
무딘 화살 촉
무사의 눈빛에서 흐르는 자애로움
사슴의 눈빛은 흔들림이 없다

삶은 죽음과의 거리를 좁혀가는 것
일제히 일어나 소리치며 달려본다
어지러이 뒤엉킨 발과 발
마지막 춤사위가 두렵지 않음은
죽음이 삶의 한 편린이라는 것을
깨달았기 때문이다

이 맹랑한 그림 앞에 서면
울컥 솟는 그리움
고구려를 지키다 스러져 간
젊은 무사의 혼백까지 담은 겐가
화려한 뿔은
슬픈 발목을 잡고
상념은 박제가 되어
한참을 그 자리에 서 있었다

안개 낀 팽목항

−세월호 1주년을 추모하며−

죽음이 쳐놓은 바리케이드
안경을 써도 볼 수가 없다
얼마나 참았기에 울지도 못하고
공중에 매달려
하얀 옷고름으로 동여매는가
살 속을 파고드는 슬픔

꽃 같은 영혼이여
잔인한 사월의 바다여

미안합니다
잊지 않겠습니다

이 땅의 종소리여!

– 光復節에 부치는 詩 –

이 땅의 종소리여
민족의 깃발이여
겨레의 무슨 까닭으로
흙과 정신을 빼앗겼던 그날에
아픈 숨결 이슬로 연명하여
백두대간 풀들이 살아가게 하신이여
새날을 여신 빛의 화신이여
우리들의 가슴과 무릎을 받아주소서

하늘이 보았다
태평양도 일어섰다
어둠의 빗장이 풀리던 그 날에
흰 옷에 얼룩진 핏물이 살아났다

깃발의 함성이 울분을 토하고
거리로 세상으로
비로소 강물이 바다로 흘렀다

우리는 해야 한다
오른손이 심장의 소리를 듣고
왼손은 시간의 열쇠를 들어
정신과 살이 불끈 일어나

살아가야 할 멍에를 져야한다
밀물이 되고
썰물이 되어
우리 동네 목화 꽃을 피워야 한다

경고

돼지고기에 파라핀을 넣어 쇠고기로 둔갑시키고
아기들 먹일 분유에 멜라민을 넣고
냉면 육수에 고기 대신 MSG를 넣고
유통기한 늘리려고 생면에 공업용 알콜을 섞고
대장균이 검출된 씨리어를 재가공해 섞어 팔고
만두소에 폐기처분해야 할 쓰레기 단무지를 넣고
썩은 생선으로 어묵을 만들고
도라지에 공업용 염료를 넣어 희게 만들고
성장촉진제로 독 콩나물을 기르고
백수오에 독성작물을 섞고
상한 계란을 섞어 과자를 만들고
납 라면을 만들더니
하다하다 이제는
감자와 고구마에 플라스틱을 넣어 쌀까지 만들었다
가짜가 판을 치는 어이없는 세상

돈에 환장해서
사람 먹는 음식에 장난질을 치는
인간에 대한 예의를 상실하신 여러분들께
한 말씀 올립니다

그렇게 살면 하늘이 무너질 때 솟아 날 구멍이 있겠어요?

라면 단상

아침부터 삼양라면이 당겼다
냄비에 물을 얹고 스토브를 켰다
라면봉지를 뜯다가 뒷면의 낯선 글씨에 눈길이 멈췄다
'인스트락시요네스INSTRUCCIONES?'
수출용라면 조리방법엔 한국어와 영어 말고
서반아어SPANISH가 있었다는 것을 오늘에야 알았다

면발이 움직인다
부들부들 떠는 것이 견디기 힘든 모양이다
냄비 밖으로 튀어나오지도 못하고 부글거리는 꼴이 그를 닮았다
무심코 면을 저으려다 화들짝 놀랐다
"젓지 마"
그가 없는 부엌에 남은 목소리

그의 라면 끓이는 철학은 그랬다
라면은 원형 그대로 보전해야 하며
면과 스프와 후레이크를 한 번에 넣고 끓이다
면이 투명해짐과 동시에 불을 꺼야 한다
면은 저어도 안 되고, 익었는지 먹어봐도 안 되고, 불어도 안 된다
달걀이나 파, 그 어떤 것도 투하 금물이다
라면 고유의 맛을 변질시킨다면서

자기가 세운 틀에 갇혀 피곤하게 굴던 남자
김밥 속 소시지는 몸에 나쁘다고 젓가락으로 후벼
파면서
단무지랑 맛살은 왜 먹는 건지

우리가 섞이지 않은 선 잘 된 일이나
좁아터진 냄비 속에서 젓가락으로 휘휘 저어졌더라면
서로 끌탕을 하다 뒤집어졌을지도 몰라
라면이 라면이지 섞었다고 짜장이 되는 것도 아닌데
왜 그렇게 유난을 떨었을까
나라면, 라면 말고 좀 더 영양가 있는 일에 까탈을
부렸을 거야

오늘에야 보았다
조리방법엔 저으라는 말도, 넣는 순서도 따로 없었다
그저 물이 팔팔 끓을 때 한 번에 넣으면 되는 것이다
젓지 않은 라면에서 새어 나오는 웃음소리
"가스나, 내 말이 맞지?"

유난스러웠던 건 나였는지도 모른다
올해는 청첩장이 올까?
혼자인 게 내 탓 같아 면발이 목에 걸린다

씨 없는 수박

'Seedless Watermelon'
수박이 쫘–악 쪼개지는 순간
내 입이 쫘–악 벌어졌다

씨 없는 수박이라더니
흰 씨가 총총
억지로 물러나기 억울했는지
끝까지 남은 몇몇 검은 씨의 무리가
빨간 거적을 뒤집어 쓴 채
석고대죄 중이다
밀려오는 배신감

학창시절 기억을 더듬어 보니
수박 꼭지에 콜히친을 발라두면
씨 없는 수박이 된다 했는데
대충 바르셨나
아니면 그 약도 짝퉁인가

수박에 붙은 스티커를 째려보았다
SEED …… 씨
LESS …… 더 적은, 양 또는 수에 있어서 보다 적은
'SEED가 LESS하다?
SEED가 없는 게 아니라 원래보다 LESS하다는 거여,

시방?'
주인 잘못 만난 영어가 개고생이다

"저 집 신랑, 씨 없는 수박이라며?"
바르는 순간 입찬소리 딱 멈추는
말의 씨 말리는 약은 어디 없을까
어찌하여 없어야 할 곳엔 있고
있어야 할 곳에는 씨가 말랐는지

잘못된 번지 수 바꿔주고 싶다

아줌마의 고민

올개닉- 올개닉-
세상은 온통 유기농 바람이다
유기농만 파는 'Whole Food Market'
산더미처럼 쌓인 먹거리
바글거리는 인파

일반 계란 18개들이 한 팩에 $1.69
올개닉 계란은 $6.98
겁. 나. 게. 비. 싸. 다.
들었다 놨다 망설이다
큰맘 먹고 집어 계산대 앞에 섰다
풍채 좋은 미국 아주머니들
쇼핑 카트도 한 덩치다
계란 한 줄 든 손이
계산대 아래로 내려갔다

결론은 다음과 같다
아빠 엄마는 다 컸으니까 일반 계란
딸내미는 커야 하니까 올개닉 계란
땅에 먹을 게 지천지인데
풀어 놓고 기르면 좀 좋아
웬수 놈의 성장 호르몬
찌푸린 하늘마냥 폭폭하다

장아찌

한국산 무 1개
멕시코산 할라피뇨 20개
캐나다산 오이 2개
미국산 양파 1개
제 모양 존중해 주며 썰어
병에 담는다

기꼬만 간장 4컵
독일 강초 2컵
임페리얼 설탕 2컵
냄비에 넣고
솟아오르는 거품
살살 달래가며
펄펄 끓여 병에 붓는다

잘 섞이는 비결은
뜨거울 때 붓는 것이다
여러 번 망치고 얻은 비율 2:1:1
짜지도 달지도 시지도 않은 맛
검지도 희지도 않은 오묘한 색깔
환상의 궁합이다

나고 자란 곳 달라도

한 공간에 모여 손에 손잡고
끓어오르는 혈기
한 김 가라앉히고 나면
아롱이다롱이 기대어
식감 좋은 장아찌가 되는 것을

삶이 별거더냐
그렇게 가라앉히고 낮추며
적당히 간이 밴 채
어우러져 살아가면 되는 것이다

반전 1

"일본의 방사능 오염수 유출로
추석 대목이어야 할 수산시장이 초상집 분위기입니다
사람들이 불안해서 수산물을 사지 않는다고 합니다
두 달 전만 해도 금치라 불리던 갈치를
한 대형 마트에서 반값에 파는데도 불구하고
주부들은 사가길 꺼려하고 있습니다"

장맛만 변해도 집안이 망한다는데
하물며 바닷물이 변했으니 오죽하랴
어민도 상인도 서민도 울상이다

"몇 군데 바닷물을 채취해 검사한 결과
우리나라 서해안 18종의 어류는
방사능에 오염되지 않은 것으로 밝혀졌습니다
모처럼 제철을 맞아 활기가 도는 꽃게와 전어를 만나러
어판장으로 나가 보겠습니다"

"발 없는 말 천리를 간다"더니 소식도 빠르다
구름 떼처럼 몰려든 손님들
풀 죽었던 어판장에 넘치는 활기

상인의 집게 끝에 때 만난 꽃게들이
대롱대롱 매달려 그네를 탄다.

"며느리가 친정간 사이 문 걸어 잠그고 먹는다"는
전어구이 집도 손님 들어 환하다

사흘 만에 뒤집힌 판
그래, 죽으란 법은 없는 거야
반전은 늘 있기 마련이지

가을아침이 전어처럼 파닥거린다

반전 2

냉장고에 남은 계란 다섯 개
남편 도시락 반찬에 두 개
딸내미 아침 스크램블로 두 개
한 알 남았다

아침방송에서 아나운서가
계란을 하루에 두 개 이상 먹으면
미시가 어쩌고저쩌고 침을 튀기며 강조했다
건망증 심한 아줌마는 결론만 기억한다
그러니까 하루에 하나만 먹으면 되는 거라고

배꼽시계가 울렸다
없으면 더 궁한 법
프라이팬을 달궈 모서리에 톡톡 계란을 쳤다
미끄럼을 타고 내려오는 노란 봉우리
헉! 쌍. 알. 이. 다.
인증 샷을 찍었다
때론 이런 반전도 있어야 살맛이 나는 거야
행복해진 밥상

마침내 계란의 시대가 도래했다
하루에 몇 개를 먹든
건강과 별 상관없다는 뉴스가 발표된 것이다

그래도 식재료 중 제일 싼 게 계란이다
단백질이나 실컷 보충 해보자 싶어 사러나갔다
제기랄
사상최악의 조류독감으로 85% 가격폭등에
판매량도 한 줄로 제한 한다네

계란 신세도 반전의 연속이다

김치 칼국수

아버지는 젖은 국수를 샀다
밀가루가 적당히 몸뚱이에 묻혀 진 국수
마른국수는 혀에 감기는 맛이 없다고

신 김치 넣은 물이 끓어오를 때
국수 한줌 휘휘 돌려 넣고
국수 가락이 너울너울
한산 춤을 출 때까지 끓이노라면
집안 가득 차오르는 시큼한 냄새
당신 국수를 자꾸 건져 내 그릇으로
넘겨주시던 아버지 손길

울컥 솟는 그리움
국수발보다 먼저 삼켜지는
뜨거운 눈물
아버지 고향의 맛 참 구수하다
퉁퉁 불어 너덜해진 멸치도
차마 눈을 못 감았다

허기

그리움으로 허기가 지는 날
멀쩡한 밥을 프라이팬에 넣고
누룽지를 눌려본다
주걱의 휘어진 등으로
물을 축여 꾹꾹 누르며
목구멍까지 차오르는 미안함을
달래 보는 것이다

어머니에게 밥 때는
손님의 발걸음이 뜸해지는 때
밥알을 알뜰히 퍼낸 솥에 찬물을 부어
찰싹 달라붙은 누룽지가
일제히 항복하며 일어날 때까지
설설 끓인 눌은밥을
후다닥 서서 드셨다

장에 탈이 난 줄도 모르고
그 오랜 세월
눌은밥을 좋아한다고 생각했던 무심한 딸년이
겨우 눌은밥 한 그릇으로
불효 한 그릇을 덜어낸다

허기가 진다
이제야
어머니의 배가 고프다

엄마생각

마법의 붓으로 휘두른
푸른 하늘은 수채화

근사한 음악이라도 쏟아질까
두근거린다

어제는 양털인양 몽글 되며 오더니
오늘은
8분 음표처럼 꼬리를 달았다

포근한 저 구름을 잡고
별이 된 어미를 찾아
떠나야겠다

고추와 모정

노모가 쭈그려 앉아
낡은 돗자리에 고추를 널고 있다
털퍼덕 주저앉는 것도 호사여서
허공에 떠 있는 엉덩이
편해지면 영원히 눕게 될까봐
고삐를 당기며 살아온 세월

땅에서 엉덩이까지의 거리는 한 뼘
노모에겐 천리 길
그 거리를 견뎌내기 위해
허리에 복대를 단단히 둘렀다

고추의 욕정을 말리는 시간
휘어진 등에 따가운 햇살 업고
고추를 뒤적인다
그녀에게도 여자였던 날이 있었을까
갈라진 손바닥 검버섯 핀 손등
바짝 말라버린 것이
어디 고추뿐이었으랴

고추는 모정이다
여자가 아닌 어머니라서
학비로 둔갑할 고추를 어루만지며

끊어질 듯 한 통증을 참아내는 것이다
가을 햇살이
굽은 노모의 등을 쓰다듬는다

낙

안개 자욱한 새벽
아침잠 없는 어르신
정직한 땅에 물을 주신다

무당벌레 놀라 달아난 자리에
단잠 깬 어린 상추 말갛게 세수하면
쪽파들도 질세라
날씬한 몸 흔들며
밤사이 자란 키 자랑에 으쓱하다

하늘이 열릴 때까지 이어지는
사랑의 속삭임
당신이 있어 행복해요
너희가 있어 행복하다

어떤 유배지

새벽을 가르는 벨 소리
예감은 소름이 끼치도록 정확했다
이복동생의 다급한 목소리
일순간 벽이 기우뚱거렸다
마음에 쌓은 벽 앞에 아버지가 있었던가
마지막이란 말이 비행기를 타게 했다

도피처가 또 있을까
미안하단 말 대신 눈물만 흘렸다
"받은 것이 없으니 줄 것도 없다"
이청준의 '눈길'을 읽으며 무장했는데
코마 앞에서 해제됐다

포천시 일동면 수입리 893번지 103호
좁디좁은 유배지
아버진 거기서 생면부지의 사람들과 살았다
산자락을 타고 오는 칼바람을 먹고
분한 맘이 목을 눌렀을 것이다
주인 잃은 운동화 한 켤레를 구름이 신고 갔다

용서는 처음부터 내 몫이 아니었다
벽이 무너지는 소리

유배는 끝났다

북쪽으로 흐르는 강

눈자위가 붉어져도 눈물은 말랐다
삶의 길목마다 뿌린 한이
내를 이루고도 남았기 때문일까
휘어진 등에 남은 짙은 생명의 기름
활활 태워 붉은 석양을 만들고
애타게 부른 이름에도 물기가 없다

내 고향 해주 땅 수양산이여
꽁꽁 언 논두렁에서
솜바지가 젖도록 지치던 나무 썰매
같이 웃던 내 동기간 어디에 살아 있는지
어머니 치맛자락에서 나던 냄새
귓전에 울리는 목소리
오늘 밤도 나를 오라 부르신다

소원인가 유언인가
술잔을 비우고 딸에게 쓰는 편지

'나 죽거든 묻지 말고 화장시켜 임진강에 뿌려다오
강을 거꾸로 거슬러 올라가
십 분이면 닿을 고향산천
그리운 부모 형제
혼백이라도 만나면 목 놓아 울어보련다'

아버지의 강

땅에 묻히면 돌아갈 수 없을까 봐
고운 분가루로 단장하고 나선 길
아비는 어미를 찾아 임진강을 건넜고
딸은 아비를 찾아 태평양을 건넜다

누구를 위한 향연인가
찬바람이 살을 깎는 바위틈에
울다 쓰러진 촛불들의 잔해
태우고 또 태우면 그리움이 삭을까
하나뿐인 하늘은 강물 속에 잠들고
겨울 강가 노송은
깊은 기침 토해낸다

떨어지지 않는 발걸음
애써 돌리려는데
흐려지는 눈앞에 일렁이는 얼굴
숨 죽여 흐느끼는 아버지의 강

그리운 아버지

작
년

이
맘
때

손
놓
은

아
버
지

그
리
워

불
렀
더
니

하
얀

눈
송
이
가

녹
는
다

2부

디아스포라의 꿈

담쟁이

이 나이가 되어서야 알게 되었다
담쟁이가 어떻게 벽에 붙어
기어오르고 있는지를

무성한 넝쿨 뒤에서
죽을힘을 다해 벽을 움켜쥐고 있는
가녀린 손바닥을 보고야 만 것이다

힘줄이 끊어지는 고통을 견뎌내며
한 뼘 두 뼘 키를 키우고
담장 너머 꿈을 향해 도전하고 있었다

나보다 먼저
강하고 모질게
세상에서 살아남는 법을 익혔을 담쟁이

뜨문뜨문 보며
함부로 여겼던 세월이 그리고 우매함이
자꾸만 미안해졌다

마른 꽃의 노래

당신을 사로잡던 향기는 메말랐고
꽃잎은 떨어졌습니다
시간의 잣대로 갈라진 운명이라
당신을 위해 해줄 수 있는 건
이제 아무 것도 없습니다
바람 찬 들판에
심장 없는 허수아비로 남아
언 땅에 발을 묻고 서서
행여 당신이
이 길을 지나치다 찾아 줄까
말라가는 눈물 삼키며 기다립니다
봄빛 가볍게
나무에 오르는 날
또 다른 모습으로 우리가 만날 것을
믿기 때문입니다

분꽃 1

민들레 씨 훌훌 날리던 날
분꽃 씨를 심었다
외로울까 봐
한 구멍에 두 알씩

오월이 호출하여
소풍 나온 분꽃 가족
얼마나 금슬이 좋았으면
자식농사도 풍년이다

큰딸은 노랑
둘째딸은 진분홍
막내는 반반 섞어
새 옷 곱게 지어입고
배꼽인사 한창이다

해만 기울면
분단장 하고
피어나는 꽃이여
그대 이름은
Four O'clock

분꽃 2

당신이 정해 주시는 곳이면
음지든 양지든 상관없습니다
비와 햇살과 바람만 있으면 족하니까요

당신이 힘겨울 때는
잊으셔도 괜찮습니다
홀로 남겨진 이유를 알고 있으니까요

습하고 어두운 땅속이지만
그리움을 참고 견디며
딱딱한 껍질을 깨 보렵니다

당신이 원하는 색은 알 수 없지만
걱정하진 않겠습니다
온 힘을 다해 꽃을 피워 낼 테니까요

어떤 모습으로 태어난다 해도
당신이 기뻐할 것이라는 것을
이미 알고 있기 때문입니다

분꽃 3

모르는 척 외면하면
그리운 마음이 가려질까요

괜찮은 척 연기하면
울던 얼굴이 웃게 될까요

좋은 척 웃어주면
삼킨 눈물이 안보일까요

겨울이 여름인 척 하면
우리가 만나게 되는 걸까요

엉겅퀴

토하지 못한 말은 삼키고
피우지 못한 이야기
갑옷 속에 가두었다
겨울을 깨우는 바람이 잉태한
보랏빛 만삭의 뱃속에서 자라
오월의 태양 앞에 함묵한 채
생살을 가르고 탄생하는
수백 개의 언어들
갓 지은 햇솜이불을 보듬었다가
어느 차가운 심장으로 날리는 편지
결코 엉키지 않는 마음으로
피어나는 꽃이여
가시로 감춘 순결이여

접붙인 나무

하얀 꽃이 흐드러지게 피었던 지난봄엔
네가 행복한 줄 알았다
무성한 잎을 자랑하던 여름
오색찬란한 옷을 갈아입었던 가을까지도
난 정말 그렇게 믿고 있었다

그래 그렇게 사는 거다
정 붙이고 살면 다 살아지는 게지
장하다, 대견하다 했는데
그리도 참고 살기가 힘들었더냐
아프다고 말을 하지
어찌 네 가지들을 다 분질러 냈단 말이냐

왜냐고 묻지 않으마
겨울이 차가운 바람을 몰고 오는 날
소리 내어 같이 울자
너도 울고
나도 울고
그리고
다 잊어버리자구나

허리케인

개미들의 몸놀림이 빨라지면
비가 온다 했던가
빛을 잃은 세상
흑색 구름이 죽음처럼 내린 캄캄한 도시
유령들이 춤추며 나올 듯한 음산한 거리
모두 떠난 텅 빈 거리에
미친 듯이 비가 내린다

주인에게 버림받은 개들이
소리 높여 울부짖는 서글픈 밤
바다는 미친 듯 출렁이고
팜츄리Palm Tree는
강풍에 허리가 꺾이었다
무너져 가는 피조물

손에 쥔 것을 내려놓는다
최고라고 믿었던 모든 것들을
미친 소용돌이 앞에
다 무슨 소용이란 말인가

비 오는 아침

몸은 생각할 줄 몰라 위선이 없다
마른 입술에 매달린 물집
타는 속내는 다스릴 수 있을까
떨어지지 않는 쇳가루처럼
인력으론 뗄 수 없는 탯줄의 자력
같은 몸인데 얼굴은 웃고 심장이 운다

앙칼진 천둥, 각혈하는 하늘
참을 게 없으니 행복하겠다
체한 밥알처럼 삭지 않는 그리움
울음의 끝에서 조차 토해낼 수 없으니
터진 입술 깨물며 또 삼킬 수밖에

비 맞는 숲이 아프다

사랑 비

마음이 젖어버린 건
평생 마르지 않더라고
갈 봄 여름 겨울이 지나고
해가 수없이 바뀌어도
여전히 축축 했다고
아마도 그렇게 변명을 했을 게다

어설프게 닫힌 뚜껑 틈으로
울렁증을 견디다 못해
몽땅 게워버린 물병

구시렁거리던 아이는
벌떡 일어나
가방을 거꾸로 들고 탈탈 털었다
쏟아져 내리는 잔재들
많기도 하다

빨래 줄에 매달린 책가방
축 늘어진 꼬락서니가
영락없이 내 꼴이다

그래, 말리려면
제대로 비워내야 했던 거야

마르지 않은 게 아니라
말리고 싶지 않았던 게지
바짝 마르면
다. 지. 워. 질. 까. 봐.

토해 내지도 말릴 수도 없어서
공벌레처럼 잔뜩 웅크린 채
얼룩진 연민까지 끌어안았던 거야

몹쓸 놈의 사랑 비

존재의 가벼움

"물 폭탄 맞은 달라스"

5월의 폭우가
종횡무진이다

꿈에도 몰랐다
그 평화롭던 들판이 강이었다는 것을
가뭄 앞에 무릎 꿇었던 강이
부활을 꿈꾸며 웅크리고 있었다는 것을

본색을 드러낸 강
거리를 활보하고 집들을 삼킨다
하늘을 쪼갤 듯한 번개
호령하듯 으르렁대는 천둥소리

토네이도 경보가 울린다
피할 곳은 어디인가
사방이 벽이다
삶과 죽음의 경계는
여린 촛불 한 자루
지은이가 끄고자 하시면
빈 손 쥐고 떠나야 하는 것을

도망가 무엇하리
살아도 산 것이 아닌 삶
마음을 비워낸다
길은 빗속에 지워져 버렸다
못난 존재가 가벼워
비마저 버섭다

Betta Fish

수컷 두 놈이 종일 붙어 다닌다
조금만 수틀리면 물고 뜯는다
쌈닭이 따로 없다
전생에 철천지원수였나 보다

어항 중간에 칸막이를 막아 떼어 놓았다
한 놈이 투명한 막 옆으로 서서히 다가온다
째려보다 서로 눈이 마주쳤다
온 힘을 다해 주둥이로 칸막이를 들이 박는다
또 쌈질이다
신문에 날 것들

며칠 동안 쳐다보지 않았다
싸우는 꼴 안 보고사니 속이 다 시원했다
한 녀석이 배를 위로 뒤집은 채 떠올랐다
꼬리가 찢어져 너덜너덜하다
먹이만 주면 어항 밖으로 튀어 나올 듯
채가던 녀석이
먹는 것도 귀찮은지 지느러미로 손사래를 친다
입만 뻐끔거린다
뭔가 따지고 싶은 모양이다

싸워도 같이 둘 걸 그랬다

외로웠나 보다
가여워서
마음이 너덜거린다

달팽이의 비가悲歌

나선으로 무장한
보따리 등짐은
평생 지고 갈 운명
날카롭게 세운 촉각
미동微動에도 움츠리고
부여 받지 못한 시력
한치 앞도 볼 수 없다
살기 위해 터득한 것은
밝음과 어두움을 가려내는 가시可視뿐

미처 하지 못한 말
돌돌 말아 감추고
함묵한 까닭은
생각 없이 뱉은 말의 씨가
독초를 키운다는 것을
깨달았기 때문이다

엎혀버린 한마디
온몸으로 녹여내어
가는 길에 남겨 놓은
투명한 편지 한 줄

기는 것은 죄가 아니다

무채색 세상을 향해
느린 걸음 재촉하는
버거운 아침

도마뱀

뱃속을 들여다보아라
붉고 푸른 장기들과
핏줄이 드러난 여린 피부로
유리창에 달라붙은
살아 있는 박제를

한간 넘어
따스한 손바닥 온기는
쓸모가 없다
미련스럽게도 긴
과욕의 살점을 잘라 버리며
그날그날을 살아 내는
지혜뿐이지만

내 창가에 배를 붙이고
속내를 보이는 이유란
자꾸 불투명해져 가는 영혼과
맞서 싸우는
서늘한 바람 한 줄기
가슴에 불고 있는 탓이다

하류

떠날 때를 놓친 새
주린 배를 채우기 위해
살얼음을 쪼아댄다
먹먹한 부리
감각 없는 발바닥
무엇에 정신을 팔았을까
내 땅이 아닌 곳에서
무슨 요행을 바랐던 것일까
그때 떠났어야 했다

낡은 트럭이 흘리고 간
존덴버의 목소리
"Take me home~
country roads~"

그리운 고향
혼자라는 게 두렵다
하류다
더 이상 갈 곳이 없다

새의 날개에 가시가 돋는다

디아스포라의 꿈

쪼그라든 창자
모래가 든 신발로 앞만 보고 달렸다
머리에 피어난 바람꽃이
좀 쉬어가자 하지만
나침반이 방향을 잃었다

사막의 한 복판
오아시스는 처음부터 없었던가
태양이 영혼을 말린 하늘에
어머니의 얼굴이 손짓하는데
떠나온 곳으로 돌아갈 수도
잘못 온 곳에 더 이상 머물 수도 없는
디아스포라의 현주소는 절망

주홍글씨로 새겨진 불법체류자
척박한 땅에 뿌리를 내리던 낯선 식물
결코 옮겨 심을 수 없었던 종種이었을까

선한 사마리아인도 고개를 돌리고
혼자서 무서운 꿈을 꾸는
디아스포라

Book Sale에서

시립 도서실 북 세일
행여 누가 먼저 집어갈 까봐
숨이 턱에 닿도록 달려갔다

전시장 맨 뒷자리
"International Section"
책상 위도 아니고 책상 아래
허름한 상자 속에
몸이 휘어진 채 찡겨있던
내나라 책들

누구를 따라
이 먼 나라까지 건너 왔을까
빛바랜 책장 넘기니
잠들었던 이야기가 기지개를 켠다
일제히 일어서는 활자들

아마도 책에도 인연 같은 게 있어
내게로 왔을 것이다
모국어는 어머니다
그리워서 아리다

SERENDIPITY

중고책방 문을 열자
후욱– 하고 안기는
오래된 종이 냄새
반 지하 셋방에 밴
퀴퀴한 곰팡이 냄새처럼
가난한 옛 애인의 향기

손때 묻은 책
한 권 한 권 옆구리를 훑다가
마주하게 된 절판서적
한 시절 내 어린 감성을 뒤흔들었던
작가들의 이름이
손 내밀어 악수를 청한다

벽에 붙은 표어가 타전하는
가슴 떨리는 한마디

이 광활한 우주에서
이미 사라진 책을
읽는다는 것
–품절 절판 도서–

그건
우연한 발견이 아니라
운명이었다

욕심

책장에 책이 늘어간다
읽진 않고 째려만 본다
갇힌 글들이 겨울잠을 잔다
꿈 이야기만 들었다
꿈보다 해몽이 달다

여름 독서

-김훈의 남한산성을 읽고-

하루의 중간 역
이글거리는 태양은
옥색 호수 위에 반짝이고

베고니아 고개 숙인
인적 없는 거리엔
우체통이 졸고 있다

할 일은 쌓여 가는데
머릿속이 백지다
온몸의 신경이
남한산성으로만 향한다

혹독하게 추웠던
병자년 그 해 겨울
인조는 남한산성에 있었다
"죽어서 살 것인가,
살아서 죽을 것인가"

텍사스의 태양은
땅을 녹여 가르는데
난 아직도 책갈피에 기대어
눈물을 훔치고 있다

Invisible Set

화려한 탄생을 위하여 살을 깎는다
상처 입은 조각들의 짝을 찾는 행진
퍼즐조각처럼 맞춰진 운명
이음새 없는 완벽함 뒤에 감춰진 눈물

허락되지 않는 분열
용서 받지 못할 오차
하나가 흔들리면 무너짐을 알기에
지친 어깨를 부둥켜안는다

옆구리를 깎아 완벽할 수 있다면
아낌없이 그리하련만
남은 약속마저 저버린 사람
추억의 포스터 곱게 접어
그에게로 가는 마지막 소포에 주소를 적는다

Mr. Q & Miss. U

"Webster's New World Dictionary"
1171호
Q의 방에서 흘러나오는 소리

몰랐어요
당신이 없이는
아무 소리도 낼 수 없다는 것을

깨달았어요
당신이 없으면
나도 존재할 수 없다는 것을

당신이 있어야
완벽할 수 있는
나는 당신의 반쪽입니다

늘 옆에서
조건 없이 어깨를 내어 준
당신께 고백 합니다

결혼해 줄래요
당신 곁에서
영원히 살고 싶어요

Wrong Way

가지 말았어야 했습니다
더 가면 끝이라는 것을 알면서도
멈추지 못한 내가 죄인입니다

"Wrong Way"

녹슨 표지판 앞에서
핸들을 꺾지 못한 이유는
이미 시작된 내 사랑이
당신을 비껴가지 못했기 때문입니다

개발

이른 봄엔 민들레
늦은 봄엔 엉겅퀴
여름엔 야생 해바라기
가을엔 들국화
초겨울엔 건초까지 챙겨주느라
사계절 부지런한 들판

햇살에 간간이 비바람 섞어
꽃을 피우고
아낌없이 자신을 내어주던 땅
넉넉한 너를 보며 아이도 자랐다

어느 날 찾아 든 중장비 부대
생각 없이 밀어 제키고
이동식 화장실 세우더니
오만한 몸짓으로 팻말 하나 꽂았다

COMING SOON
TOM THUMB

무작위 개발로 거리에 나앉은 게
어디 너 하나뿐이랴
집 잃은 어린 들쥐 눈알을 굴린다

낡은 수첩

'ㄱ'에서 'ㅎ'으로 이어지는 낯익은 길
더 이상의 보수 공사는 가능치 않다
먼지가 얼룩진 고가구처럼
제자리를 고집해 온 터줏대감들 사이로
밀물로 왔다 썰물로 빠져나간
사람들의 발자국

차마 아물지 않은 상처
씻어 내고 싶은 푸른곰팡이
더러는 서지 않을 정류장의 시간표라서
손가락이 기억하는 전화번호까지도
이제는 놓을 일이다
답답한 공간 속에 가둬 둔다고
인연 아닌 사람이 함께 갈 수 있을까

침 묻은 수첩에 햇살이 들면
내 안에 서성이던 울림 하나가
군살을 밀고 날아가겠지

눈물

내 보일 수 없어 삼키면
골수마다 내리는 찬이슬
강이 되고 바다 된다

겨울비 한적한 거리는
단조의 노래
유리창에 부서지는
절규의 리듬

목 놓아 빗방울을 세면
밤벌레도 숨죽인 밤
동짓달 흐린 달빛
서럽도록 처량하다

분수

가고 싶다
갇혀 지내지 않아도 되는 곳으로
콘크리트 틀 안에서
늘 같은 색깔의 삶을 사는 나

하늘 향해 뿜어내는 물줄기는
이유 없이 서러운 눈물
그 위에 햇살 머무는 날
선명하게 드리워질 무지개를 기다리자

밑에서 밀면 미는 대로
바람이 불면 부는 대로
내 안에 묶인 것들을
그저 뿜어내기만 하면 되는 게다

오늘도 힘겨운 몸짓에 지쳐버린 분수

설거지

채우고 남은 흔적
비누 거품 끌어안고
낙수에 몸 던지면
뽀얀 얼굴 희어지는 마음

할퀴고 간
흔적도
씻어낼 수 있을까

자유를 선언하는
하늘의 오색풍선처럼
바구니에 배를 깔고
도란대는 흰 그릇처럼

비워진 마음으로
활보하고 싶다

손 편지

빗장 풀어 소식을 열면
다투어 쏟아지는 청구서 활자들

지겹다
*빌bill을 안고 태어나
평생을 빌빌거리다
종당에는 빌을 끌어안고 죽는다는
망할 놈의 빌

펜에 잉크를 적셔
겉봉에 이름 석 자만이라도 써주면 좋으련만
스티커 주소, 스티커 우표
노인들마저도 이메일이다

두근대는 마음으로 우체통을 연다
철자법 몇 개 틀리고
갈겨써도 좋으니
육필의 온기 담은 편지 한 통
기다리고 있었으면

* bill: 청구서, 세금 고지서

3부

남이라는 이름으로

옛집 앞에서

마음이 흐르는 대로 차를 몰다보니
어느새 우리가 살던 옛집 앞
익숙한 골목길
반가운 돌계단
접붙인 나무가 서있는 정원
그곳에서 아이가 태어나고
나무가 자란만큼 꿈도 자랐다

이제는
낯선 사람의 보금자리가 된 상자 속에서
행복했던 날의 조각들을 꺼내본다
구석구석 지문처럼 남은 추억
슬프도록 눈부시다
늦가을 햇살을 등지고 눈웃음을 보내는 옛집
괜스레 눈알이 뜨거워
시동을 걸었다

울타리

구멍 뚫린 나무판자
얼기설기 어깨를 맞대고
비바람, 눈보라에도
꿋꿋하던 네 모습
오늘은 허물어
가슴에 담기로 했다

정해준 자리에
발을 묻고 서서
말없이 버텨온 세월
녹슨 못자리마다
눈물이 붉구나

너를 보내고
기댈 곳 잃은 담쟁이
통곡하는 오후

낡은 트럭에 기대어
뽀얀 먼지를 날리며
떠나는 너는
우리의 꿈을 지켜주던
충직한 집사였으며
삶을 지켜준 파수꾼이었다

자책 1

설거지를 하려고 싱크대에 손을 담갔다
피부 깊숙이 파고드는 금속의 예리함
거기 부엌칼이 날을 세우고 서 있었다

손에 묻은 물을 타고 번지는가 싶더니
후드득 툭툭
바닥으로 떨어지는 붉은 선혈
황급히 행주로 감싸 쥐었다
저릿한 통증과 함께 울컥 솟는 눈물

가슴에 품은 비수 미처 보지 못하여
엉겁결에 잘려나간 아픈 손가락
끊긴 마디 사이로 흘러나오는
교활한 웃음소리
작정하고 포장하여 달콤했던가
곱씹고 곱씹어도 삼켜지지 않는 거짓약속

누구를 탓하랴
미련스럽도록 무딘 내 탓인 것을
밤새도록 갈아보는 자책의 칼날

자책 2

이른 새벽
좁은 골목을 장악한 쓰레기차
쓰레기통을 번쩍 들어
한 입에 털어 넣고
무거운 몸을 뒤뚱거리며 떠난다
비워진 뱃속

인연의 쓴 뿌리 하나 잘라내는데
하룻밤이 걸렸다
삶의 무게에 얹힌 비난의 소낙비
꺾인 목 너덜너덜해진 마음
인간쓰레기 치워가는 곳은 어디 없을까

암팡지게 쌀을 씻어
밥통 플러그를 꽂았다
손끝을 타고 오르는 전기
물기가 묻었던 모양이다
배가 고프다
그런 수모를 겪고도

얼마나 흘러야 투명해질까
사람의 마음을 꿰뚫는 자가 없어
음흉한 뱃속을 재지 못했다

이간질로 억울했던 게 한두 번도 아닌데
병신처럼 또 운다
내 탓이다
징그럽게 못난
내 탓인 것이다

초기화

몹쓸 놈의 바이러스 하나를 막지 못해
많은 날을 휘청거렸다

악연
악몽
속속들이 저장된 몹쓸 놈의 추억

Drag & Delete

단 한 번의 클릭으로
모조리 지울 것이다

Recycle Bin 속에 남은
미련의 씨까지 바짝 말려
탈탈 털어 비우고
이전의 나로 돌아갈 것이다

가을 연가

바람 스산한 밤
초승달 흐느끼는 창가에 몸을 기대봅니다
언제였을까요
이제는 모습조차 떠오르지 않습니다

깊은 밤까지
살점을 조여 오던 초침소리
더 이상 들리지 않습니다
기억 상자 속의 시간은
태엽을 감을 이유도
궁금할 까닭도 없는 거라고
주문을 외워봅니다

멍든 인연의 사슬로
시간을 따라 걷다 보면
배인 아픔은 엷어지고
서산에 낮달은 빨간 물이 들겠지요

갈베스톤

한 시절
착각에 익숙하던 바보가
축축한 단어들을 말리며
울고 있다

사치스런 날의 입김처럼
훅훅
숨 막히는 칠월의 바람이 불었다

둘이 하나이던 날에는
사막의 바람도 견딜 수 있었는데
미풍에도 살이 아파
환청에도 뼈가 저려

떨어져 앉은 이 땅에서
마르도록 울고 나면
헤픈 그 웃음에 흉터가 남을까

꿈이었던 이 바다
통곡의 이름으로 너를 지우고
다시 오지 않으리라

갈베스톤
갈베스톤

*갈베스톤 : GALVESTON, TEXAS에 위치한 항구도시

갈색 추억

바람 찬 겨울 강가
갈기갈기 찢어진
싸이프러스cypresses 잎 사이로
가볍게 부서지는 햇살

아닌 척 담고 살기에
무거웠던 언어
괜찮은 척 사는 동안
곪아버린 심장

말리고 또 말리면 가벼워질까
눈 한번 찔끔 감고 짜내면
새살이 돋을까

세월의 언저리에서
목 메이게 불러보는 이름
아스라이 퇴색해 가는

갈. 색. 추. 억.

그리움

우연히
아무 약속 없이 그렇게 마주치면
널 알아 볼 수 있을까

가슴에 묻으라지만
산 채로 묻기엔 너무 어려워
죽지 않을 만큼만 그리워하고
그냥 잊어가며 살리라 해도

참을 수 없다
참을 수가 없다

명치끝 어름에 뚫린
이 그리움의 터널을 지나
어디쯤에서 가슴 맞대고
걸어 볼 수 있을까

그리움의 현주소

언니가 낳은 아들이어서
내게 이모라는 호칭을 선물해 준 첫 조카여서
처녀시절 주말을 통째로 헌납하고
월급을 뚝 떼어 장난감을 사주어도
아깝지 않았던 내 조카

13년 만의 고국 방문
보고 싶은 사람 상위 서열에
당당히 자리했던 녀석

이마에 두루마리 휴지를 뜯어 붙이고
강시 흉내를 내며 콩콩 뛰어 다니던
귀여운 모습은 온데간데없고
위에서 내려다보는 낯선 총각

그보다 더 낯설었던 건
보자마자 내게 건넨 한마디
"이모 용돈 좀 주세요"

일순간 방향을 잃은
그리움의 현주소

그림자

해를 등지고 서면
아스팔트 위에 깔리는 나
찌든 얼굴도
희어진 머리카락도
멍든 마음도 보이지 않고
바람을 쫓는 머리카락 뿐

흑백필름 속에 감추어진 추억 한 장
펼쳐 안으면
간간히 울리는 흐느낌
네가 울 때 나도 울고
내가 웃을 때 네가 웃었지

떠나고 싶었던 날조차
말 못한 이유는
발끝에 붙어 평생을 떼어놓지 못한
내 그림자였기 때문이다

나들이

심통 난 하늘이
장대비를 뿌린다

빗소리
분주한 물새들

젖은 안경이
허락하는 만큼만 바라보자
바다면 어떻고 강이면 어떤가

엉킨 속내가 비워질 때
보트가 만들어내는 포말 속으로
젖은 맘을 내려놓는다

남이라는 이름으로

그만 놓아 주세요
숨이 차오릅니다
깨진 창문을 닫고 살아온 날들
아직 살아있어야 할 이유가 남았습니까

금이 간 길바닥에 새살이 돋고
생각나 잊은 세월을 밀며
지문 없는 손가락이 나이를 꼽아봅니다

잊고 싶습니다
지워버리고 싶습니다
차마 끊을 수 없었던 멍에 벗고 싶습니다

이제
가슴에 박힌 문패 내리겠습니다

너에게로 가는 길

살을 뜯고
아스라이 철길에 젖는 안개비

내 것이 아니었던
잘못 걸어간 세월의 낮은음자리
빗겨간 인연으로 떨어진 단추가
앞자락을 열면
야윈 몸 거울에 비친 얼굴이여
부끄러울 것도 슬퍼할 이유도 없다
빈 몸으로 내딛는 길

안개 끝에서 들려오는
미련한 짐승의 울음소리
내가 간다
아직도 기다리고 있을 그림자를 향해

오늘은 온전히 네게로 가는 날이다

못 잊겠어요

세월이 흘러도
또렷한 조각들
기억의 창고에서 흘러나와
탈춤을 춘다
덩실덩실 얼쑤얼쑤
지우려 하면 할수록
강한 춤사위로 휘몰아
허공을 가른다

오장육부가 뒤틀리는 아픔이다
가슴을 닫아도
외면할 수 없는 그리움
하회탈 뒤에서 불러보는 이름
슬픔의 젓이 돈다

땅으로 돌아가면 잊혀 질까
참으로 질긴 인연이다
슬픈 가락에 기대어 주절거린다

죽을 만큼 그립다

바람

검은 머리가 파뿌리 될 때까지
영원히 사랑하겠노라 서약했던 남자
이젠 다른 여자의 남자로 살고 싶단다
너는 나 없이 살 수 있어도
그 여잔 나 없이 안 된다는
식상한 대사와 함께

살다 보면 사랑이란 게
다 거기서 거기라는 걸
알게 될 날이 올까
가정을 깨뜨린 인간들의 무기
사랑 한단다
죄진 년 놈이 더 당당한
빌어먹을 세상

남편이란 우표가
바람처럼 날아갔다

상념

하늘을 가르고 퍼붓는 빗줄기
들판은 강이 되고
강은 이미 강이 아니다

비 맞은 소들의 느린 걸음
해를 따라가는 이치를 터득하기도 전에
고개 꺾인 어린 해바라기

죽음 앞에 서면 삶이 부질없듯
혹 오늘밤
내가 떠날 차례는 아닌지
염려스러워

대차게 비 내리는 밤
잊었던 사람에게 편지를 쓴다
수취인은 있어도 주소가 없는 편지
언젠가 이 땅에서 읽혀질
날을 꿈꾸며

슬픈 생일

부모를 묻은 가슴에
산 자식 묻지 못해
등이 휜 들꽃은
파편에 찔려 눕는다

종착역에 닿기 전
볼 수 있을까
이별의 강을 건너
한 번만 안아봤으면

세월을 더듬어 봐도
기억에서 멈춘 나이
그만큼만 촛불을 켜자

보낼 수 없는 선물
심산心山에 쌓이고
갈 곳 잃은 생일 노래
빈방을 맴돈다

지독하게 잔인한 날이다

지우지 못한 이름

창밖은 설국입니다
성에 낀 유리창에
빈틈이 보이지 않을 때까지
당신의 이름을 채워봅니다

이름이 눈물을 흘리네요
창을 타고 흘러내려요
이름만 썼을 뿐인데
마음까지 읽은 걸까요

이름은 녹였는데
얼음 같은 마음은 어떻게 녹일까요
쓰고 또 쓰고
수천 번 쓰다보면
봄꽃으로 돌아올까요

통화의 공식

열애를 할 때는
통화 중 들어오는 전화를 무시했다
"아쉬우면 또 걸겠지, 뭐"

애정이 식은 후엔
오지도 않은 전화도 왔다며 따돌렸다
"급한 전화 들어온다, 잠깐만"

뒤 바뀐 우선순위
오랜 정적 속에 엉키는 두려움
수화기를 내려놓았다

그는 내 라인을 벗어나
누구의 라인에 목소리를 싣고 있을까
밤새워 통화를 하던 날이
다시 불씨가 될 수 있을까

교차로에 서면 신호등이 바뀐다
빨간 불은 가고
파란색 등을 입에 문
철새 한 마리가 날아간다

현저동 101번지

꿈을 꾸었다
'REPLAY' 버튼을 누른 것처럼 잊을만하면 반복되는 꿈
그 공간 속에 오십 견을 앓는 중년의 나는 없다
성장이 멈춰버린 현저동 101번지 아이들만 존재할 뿐

아이들과 산길을 걸었다
안산을 거쳐 봉원사까지 가는 것이다
길눈 밝은 진구는 언제나 선두다
남자애들은 잔가지를 주워 칼싸움을 하고
여자애들은 아카시아 잎 따기를 하느라
목청 높여 가위 바위 보를 외쳤다
걸을수록 가빠지는 숨
아카시아 꽃 한줌 입에 넣어 달래고
뛰놀다 지치면 허기진 배 약수로 채우다
어름어름 노을이 깔리면 앞서거니 뒤서거니 집으로 향
한다
갈 때는 가깝고 돌아 올 땐 먼 길

살던 곳이 그리운 날 구글창에 주소를 친다
'현저동 101번지'
위성지도를 눌러 스트리트 뷰로 바꾸면 선명하게 드러
나는 거리
마우스를 움직여 추억의 길을 걸어본다
낯익은 건물이 없다

서대문 형무소, 3033부대, 내가 살던 금화아파트
착한 이웃들이 정을 나누며 살던 우리 동네는 사라지고
새로 들어 선 낯선 풍경들

장바구니를 들고 비탈길을 오르던 어머니
런닝 바람으로 장기를 두던 쌀집 아저씨
지각할까 봐 넘어질 듯 언덕길을 뛰어 내려오던 나
모두 다 세월의 갈피 속에 묻혀버렸다

금화 아파트 옥상은 어른들의 쉼터고 아이들의 아지트
였다
형무소 망루보다 높은 곳에 있어 서울 시내가 한눈에
들어오고
연병상에서 훈련을 받는 군인들의 모습과
형무소 마당에서 움직이는 재소자를 내려다 볼 수 있었다
75년 봄, 평상 위에 모인 어른들은 '인혁당 사건'으로 연
루된 사형수 이야기를 나누었고
아이들은 철이 들기도 전부터 죄와 벌을 고민 했었다

화살표를 돌려 친구들과 걸었던 산길을 따라 봉원사로
향해본다
마음이 마우스를 앞서 간다
무엇을 두고 왔기에 나는 그곳을 헤매는 것일까
돌아갈 집도, 놀아 줄 친구도, 기다려주는 부모님도 없
는데
그곳에 가면 나를 부르는 추억과 조우할 수 있을까
그 시절로 돌아가 그리운 시절과 악수하고 싶다

우리의 삶에 아침이 옵니다

– 김태용, 김경희의 결혼을 축하하며 –

둘이 가야 할 길을 합하여
서로의 가슴에 간직할 이름을 새겨봅니다
꽃불을 밝혀 창을 내고
인생이란 긴 여정 앞에 비로소 섰습니다

미래를 향한 행진이 시작되는 시간
두 손 꼭 잡고 마음을 함께 모아
삶의 무게를 나누고
엉킨 거리의 산술算術을 풀어야 하는
삶의 첫 삽을 용기 내어 뜨려 합니다

주안에서 가정이란 고운 밭에
믿음의 나무 한 그루 심고
아침 햇살 한 아름 모아 키워 나가면
아픈 상처쯤이야 아물어 가겠지요
마른 가지에 새순이 돋아나듯
말씀의 꽃말로 수를 놓아 보렵니다

하루도 천릿길 같아서
못내 기다려지는 당신
멀리서 혹은 가까이서
날마다 그리운 마음이 익어갑니다

서로의 상처를 보듬고
소망을 가꾸며
이 땅의 정류장을 함께 밟고 가는
반려자가 되려 합니다

이제 내가 당신의 손이 되고
이제 내가 당신의 발이 되겠습니다

우리의 삶에 아침이 옵니다

이별

– 니나를 보내며 –

슬픈 곡조를 타고 불어오는
사월의 잔인한 바람

통곡은 남은 자의 몫인가
내 뱉는 긴긴 한숨 소리
혈류를 타는 눈물

그대 이제 떠나는가
눈물의 강 노 저어
떠나야 하는 먼 여행길
외롭겠다

철쭉 꽃 하릴없이 떨어지고
송홧가루 날리는 슬픈 오후

본향에서 다시 만날 날 기약하며
시린 눈웃음으로 너를 보낸다
나누지 못 한 이승에서의 인사
가슴에 품고 가려무나

잘 가라
부디 잘 가거라

휘청거리는 오후

주차장 한켠
그녀가 차를 세우던 자리에
책상이 홀로 보초를 선다
고개 숙인 국화 한 송이
검은 리본 두른 채 졸고 있다

여우비가 내렸던
어제 그 시간
그녀는 숨을 거뒀다
빈자리가 아프다

떠난 후 알게 되었다
동거하던 애인이
여자였다는 것을

뜨거운 오후
잠시 슬픔이 휘청거렸다

장미

바람 부는 날
발자국 소리로 불러내어
귓가를 적시다가
꿈결로
꽃 가시를 만지다 보면
짙은 향기 하나가 담장을 열고 눕는다

오월의 물감이 번진 길가에
살 냄새 비비는 소리로
빨간 꽃물 떨어져
바람이 성급히 달아오르면
꽃구름 하나가 담벼락을 넘는다

사막의 이슬

사막에는 오아시스가 있다
모래 발자국이 별을 따라 갔다

바람으로 씻은 잔을 들고
눈을 들지 않고는 별을 셀 수 없을 때

막막할수록 훙건해지는
비우면 비울수록 뜨거워지는
모래바람을 줍던
낙타의 푸른 잠이 이슬로 내린다

몸살이다

철 지난 옷이 바람에 구겨져도
잘 익은 외딴 터에
가쁜 숨을 심다가

변두리 길가에 꽃말을 부축하며
이슬 묻은 삽질로
부러진 풋말을 세울 일이다
바람이여
나뭇가지 붙잡고 춤을 추다가
엉킨 살 냄새가 익어 가면

비의 언어여
누가 말하랴
넘어진 풀들을 일으키며
양수리 강물이 그냥 흘러가게
금이 간 길거리에 못질을 하다가
끊어진 다리는 잇고
갇힌 빗장은 풀어 주어
질긴 물감으로 살아가는 까닭을 말해야 한다

그리운 엽서

그날에
두고 온 발자국이
어쩌면 기다리기에
보고 싶은 정류장으로 나간다

달빛이 여문
창문을 열고
일어서는 햇살의 언어들이
바람을 밀면

오늘도
빨간 우체통에는
까치가 날아와 알을 품는다

4부

Faded Memory of Brown

A Confession of a Poet

A tree trunk broken in half by a tornado
Among the flesh torn apart
A small red face, a maple leaf, emerges.

Life force, a will to bring foliage back,
Is undeterred by the appearance.
A maple tree, a message of hope.

Though it's broken and rolls in the mud now
One day
Perhaps, my poem after much pruning
Be reborn in a purified speech
And give hope to someone.

No matter the depth of the blow of a wind
The thoughts cannot be broken
In the heart untouchable by external forces
The soul of poetry will survive and
Shall again push out the sprig.

I sharpen the pencil that
Will help voice out my inner cry.

A Thought on Ramen

From the morning, I craved Sam Yang Ramen.
Stove was turned on to boil a pot of water
As I rip open the wrapper, a foreign phrase stopped my eyes
'INSTRUCCIONES?'
It is news to me that there is cooking direction in Spanish for the Ramen on export packaging besides in Korean and in English.

The noodles begin to move around.
It must be difficult to stay in the boiling pot, the noodles shiver.
Restrained in a bubbling pot unable to jump out
The Ramen noodle makes me think of him.
Habit driven, I started to stir and froze in the mid motion in a fright, "Do not stir"
The voice rang in the kitchen in his absence.

His rule on cooking Ramen was always rigid.
Ramen should stay in the original shape.
Toss in the Ramen, soup base and vegetable flakes all at once and let it boil As the noodles become transparent turn off the heat.
The noodles should not be stirred or a strand pulled out to taste during the cooking.
It should not be overcooked.

No eggs or green onion or anything else added.
Insisting on maintaining the original flavor of Ramen, He tired me with his self-imposed structure of life.
He pushed out hotdog from kimbop with chopstick saying it was not healthy to eat yet ate the pickled radish dyed in yellow and the imitation crab legs in the same roll.

It is a good thing that our lives did not tangle.
It would have been a disaster to be stirred with the chopsticks in a small pot.
The boiling mass would have spilled out after much struggle.
Why was he so hung up on his cooking method of Ramen when stirring would not make a Ramen into a spaghetti.
For me, I would have spent energy on more significant things rather than on cooking Ramen.

I saw it for the first time today
The cooking direction did not instruct to stir, nor specify in which order the items to be put in the pot It just says to put all the content in a pot and boil
From the undisrupted cooking Ramen comes a sneer
"See, I was right"

Perhaps, I was the particular one.
Will I hear his wedding invitation before the year ends?
It is difficult to swallow the noodles for the thoughts that
I might be the one to blame for his loneness.

Bliss

Early in the morning, in a fog
An elderly, an early riser,
Waters his veracious land.
A gush of water runs barefooted.

A ladybug flies away, frightened
Baby lettuce washes her sleepiness.
Green onion stalks proudly
Shake their long stems,
Showing off the night's growth.

Until the daylight arrives in full
Whispers of love continues.
We are happy for you are here.
I am happy for you are here.

Dish Washing

Dirty remains of fulfilled cravings

Hugging soap bubbles, the dish
Flung itself into a falling water
The face became bright and
The heart became white

Could the pain and the scars of the past too be washed out clean?

Like the colorful balloons in the sky, a declaration of freedom
Like the white dishes resting in a Basket, all cleaned out

A vigorous stride I would like to take once my heart empties clean.

Faded Memory of Brown

On a river bank in the bitter cold
Hanging on the branches are
Tattered and faded leaves.
Sun rays shatter as they pass through.

Living with the pretense of normalcy
The spoken words were heavy and damp.
While feigning a good life with a smile
My ill heart gangrened.

Would drying out the words lighten the load?
If by a great effort, squeeze the pusses out
Wouldn't new flesh come out and heal?
Standing at the edge of years gone by,
Till the voice is lost, I call out the names.
Fading away in a distance
Faded Memory of brown

Galveston

Once
A fool, living in an illusion,
Shed tears while
Languid words were air dried.

Like a breath of an over indulgent past,
The oppressive July wind blew down in me,
Stifling.

In the days we were together,
Even the desert storms were bearable.
Now, the slightest breeze pains my skin.
A ringing in my ear aches my bones.

On this land far away,
If I cry till my tears dry,
Will scars remain in my easy laughter?

Oh, how I dreamed to be here at the edge of a land.
With bitter lamentations,
I release your name from my memory,
And never will I return.

Galveston
Galveston

Gecko

Look into its translucent body
The inner organs of faint blue and red
Veins reveal through its delicate skin
As it clings on a window.
A living mount, a lizard.

The warmth of a hand
Across the glass
Is of no use.
Cutting off for survival is
The flesh cumulated in greediness
In ignorance it grew long.
It is but a wisdom
Of ordinary living.

This creature shows its innards
Pressed against my window
For it rages a battle against the soul
That is losing transparency
For there is a strand of cold wind
Blowing against its body.

A Shadow

Once I sit against the sun
I'm spread on an asphalt road
So I couldn't see my stained face, grey hair, bruise mine
I only see my hair following on the heels of a wind

If I hold the memories in black film,
Spreading in front of me
I find out myself choking with tears at times
In my empty heart
I also cried when you were crying
When you were in happy time,
I also did it

The reason I couldn't start go on my way
On the day that I wanted
It's maybe your trace
Attached to the tiptoes for good

Hurricane

They say when
Ants busy themselves, there will be rain
The light is lost here.
Dark clouds hang over the city like death.
The neighborhoods is haunted with a crowd of dancing ghosts as
Rain drops drum the empty streets with a menacing beat.

The night is darkened as dogs,
Abandoned by their masters, howl mournfully.
The waves run high with insane anger.
Palm trees are broken at the waist.
All creation crumbles and disappears.

I lay down all the things I held dear.
For all things I considered as best
Before this crazy whirling wind,
Have lost their meanings.

Lament of a snail

Helical backpack:
A burden to carry
For a lifetime.
Antennae straining out to the world
Shrinking at the slightest movement,
Weak-visioned by design,
Unable to see even an inch ahead.
The wisdom of survival
Taught to discern light and darkness.

Hidden in the spiral are the
Words unspoken.
The reason for silence is
Knowing that words spat
Carelessly are the seeds
Of poisonous plants.

Festering words, dissolved,
An effort for the whole body.
A transparent testimony.
And one lined letter is left behind.

Crawling is not a sin

Forward into a world without color
Pace, slow and urgent
Trudging into morning

My Father's River

In fear that he may not be able to return home north,
he refused to be buried in south. So,
He left his final journey adorned in white ash.
The father crossed the river to meet the family he lost.
And the Daughter crossed the Pacific Ocean in search of her father.

For whom did his incense burn?
Among the bitter cold rocks lies the remains Of the fallen candle sticks.
Would perpetual burnings ease the longing?
The lone sky sleeps in the river and
The old pine tree at the river bank
Barks deep cough in the cold wind.

With a heavy heart, I struggled
To walk away with my
Vision blurred by tears.
Just then, I saw my father's face
Wafting in the water.
The river of my father sobs in silence.

Invisible Set

I endure the pain tearing my flesh,
For a brilliant career
A march searching for the wounded pieces
A fate set as if it was an injured fragment
Tears hiding behind perfection that has no joint

An error that'll not obtain pardon
An inexcusable split
Knowing that the strength of a chain is
in the weakest
so I hold my sloping shoulders in my arms

If I'll reach the stage of perfection
by cutting my ribs
Then, I'll do that without reluctance
It's the man who went back on his promise
I write his address on a final parcel toward him
After folding a poster of fragrant memories

Thistle

The words that couldn't be spoken were
Swallowed back up.
The thoughts that couldn't blossom were
Fastened back up inside an armor.
Impregnated by the wind
That woke up the winter cold
It grew inside the purple belly
To a full term until
The glorious May sun shown down.
Through the flesh cut open
Many hundreds of speeches
Were born in absolute silence.
A fresh cotton blankets relieved
From a tight embrace are the
Letters sent off to a frozen heart.
Never is there a tangle in this process
As the flowers of the heart bloom.
You are the innocence concealed in the thorns

A Way Leading to You

A nipping wind and a dense fog
A misty rain on the endless railroad

Silk dress that was not belong to me
A button set on a wrong way
I'll let down all of this
Before a mistaken relation ties
A haggard body
A visage reflected on a mirror
There's no reason to be shy or grieved
This is a happy road,
Though I present myself with empty hands

The sound of a stupid beast,
Coming from somewhere shrouded by fog
I come to the shadow waiting for me until now

This is the very day I proceed to you

Ol' Fence

Wooden panels full of holes
Stood together arm in arm.
In thunderstorm and in snowstorm
You held on unwavering.
Torn down this day,
Only to remain in our memory.

On the spot designated
Feet rooted deep on the ground
You persevered through the years in silence
Yet, every nail hammered place
A rusty tear stain remains.

After you parted
The ivy laments in the afternoon
For the support is lost.

Piled high on an old truck,
Leaving behind only the thick dust
You left us.
Our peaceful dream you have protected
As a faithful steward
And a guardian of our lives.

Old Address Book

A familiar path connecting 'A' to 'Z'
Where addition is no longer possible.
Like an antique furniture covered in ancient dust,
Some names have been there since the original inscription.
Others, like tide, surged in and out among the old ones
And their traces linger.

Names still remain for I dare not erase,
Names I despise and wish to carve out,
Names I may no longer call for lives have expired,
Even the numbers my fingertips remember,
All of them, I will now release.
For trapping names between pages of this musty space
Could not let me journey with those whom I'm not destined
to accompany.

Embracing the slimmed address book with an empty heart,
I hear an inner whisper of comfort.
Push out the relationships that cannot be amended
For, when the wounds are healed, the empty spots will have
been filled
Like trees that push out old leaves
To make room for the arrival of the new ones.

Rain of Love

When the heart gets wet
It could never dry
Fall, spring, summer, and winter pass
And even after countless years
It remained damp still
Perhaps that would have been my defense

Through the loosened lid
The water bottle stricken with nausea
Disgorged all its content

With a fuss, the child
Stood up quickly and grabbed the bag
Upside down and shook it.
Insignificant remains of life fall out
And there were so many

On the clothes line
Back pack Hangs limp
Resembling my current state

True, to dry completely
I should have emptied it out first

It was not impossible to dry

Only, I must have feared
That when it dried all the way,
Even the memories might all be
E. r. a. s. e. d.

Could not empty it out and let dry
Like a tightly rolled up pill bug
I have been clinging to the past memory
Including stains left by love long gone

Wretched rain of love

Regret · 1

I stuck my hand in the sink, in the soapy water, and felt
A metallic pain, deep underneath the skin
There, stood a kitchen knife, blade keen

Riding along the wetness of my hand, blood spread and then
Drip drip hoodoodook
Fresh, living blood falls to the floor
The finger wrapped in a kitchen towel brings
Throbbing pain, a burst of tear

For I never noticed the dagger hidden in the bosom
My finger cut off before I knew
Out through the severed joint, trickles
Sly laughter

Were they sweeter because they were wrapped in ill-intent
A false promise I could not swallow in spite of relentless chewing

Who is to blame
It is my unguarded heart, my fault
All night long, I whet the knife of regret

Sonnet of a Thistle

My fragrance, which once enticed you, is now diminished.
My petals, which once entranced you, have now withered away.
The flow of time separates us.
It is our fate.
There is nothing more I could offer you now.
A cold wind blows across the field,
yet, with my feet planted in the icy ground, I stand.
Though my heart is all spent and
only an empty shell remains, I linger.
Swallowing back my tears,
yearning for even a glimpse of you,
I wait.
For I believe that
when light footed Spring returns to the tree tops,
once again, we shall meet.

The Dream of Diaspora

Innards are all dried up
Running straight forward
Sand got in shoes
A desire whirls in head
For but a shortest rest, however
The compass has lost its way.

In the desert,
Perhaps there was never an oasis
Even the soul is parched under the burning sun
The sky is the mother's face beckoning, yet
Impossible to return to whence so ever
Nor able to remain for coming was a mistake
Presently, the Diaspora is in
Despair

Stamped in scarlet letter 'illegal alien'
A foreign variety attempting to root in this barren land.
Was this transplant ever possible?

The good Samaritans turn their heads away
And all alone, dreams a dreadful dream,
Diaspora

The Secret of the Portrait of the Warriors

From the wall, a thousand-year old war cry rises out of the dust
Haggard deer pant, horse hooves pound
The dirt of ancient Goguryeo flies high

Many light years have passed since
When the shooting star came to me
Fallen from an ancient time
The distant drumbeats pierce my heart

When the drum sounds
The mountain, resembling tiger stripes,
And the untamable field unite as one
The chased and the chaser in the game of life
The spilt blood of the sacrificed
The sweat of the hunter
Together, a ritual dance in the carnival

A bow drawn to full power
A dull arrow tip
Mercy flows from the eye of the warrior
No flutters stir the eye of the deer

Living shortens the distance to death
They stand up and run with shouts

Feet tangled in chaos
No fear in this last dance
Because they understand
Death is a part of life

Gazing upon this painting, full of irony
A rush of nostalgia springs for my own battles of the past
Those lives were sacrificed to protect this land
Here, the spirit of young Goguryeo is captured
The splendor of the antlers
Chains the grief stricken ankles
My thoughts captured as stuffed animal, I stood there
For a long while, immobile

Northward River

Though warm, his eyes are dry
Perhaps he had already shed enough tears to form a river
Deep grief from every twist of life's trail
Stooped shoulders
The final dregs of the oil of his life, burned
And there he made the sunset.
The names he called out at the end of his journey across the sky
Came out cracked and dry.

His voice is still in my ear
How he longs for Sooyang Mountain in Haejoo providence, his home town.
And the wooden sled on frozen rice fields he used to ride until quilted pants were soaked
And his family and friends left there as he wondered if they are alive still
And how he remembers the nostalgic smell of mother's skirt tail.

He wrote a letter addressed to a daughter across the Pacific Ocean
After he drank Soju until there's more alcohol than blood running through his veins.

A wish, maybe; maybe a will
"When I die, do not bury me, cremate me instead and spread

my ashes across the
Im Jin River where it flows north.
My home town, so far away in life, now ten minutes away in death and if, on my way, I encounter my parents'or siblings'souls, I will release a lifetime of tears."

영시번역 **이 혜 선** | Hae Sun Lee

- 1960 년생
- 1978년 도미
- 수학 교사

| 拔文 |

미학적 사상事象과 시원詩園의 오로라Aurora

– 박인애 시집 『바람을 물들이다』를 중심으로 –

안 익 수 (시인, 한국문인협회편집위원)

시인은 시간의 흔적을 선의 시각적 율동으로서 주무르고 맛있는 나눔의 이데아를 구워내어 세상 밖으로 마중을 나간다.

시의 품品은 예술적 이상의 위대한 변명이며 구체적 형상화로 코스모스cosmos에 이르려 한다.

박인애 시인은 삶의 언어와 향기를 모양과 모습으로 사상적 사유 안에 사람의 체온을 담아내고 있다. 그의 시의 벽시계는 경계를 허무는 시간의 짠맛이며 내일을 향한 침묵을 놓는 울림이다.

진화하는 신화의 표상을 구도적 표정과 언어의 몸짓으로 형상화 한다. 언어의 선이 구체화된 표상과 형상의 어울림으로 세상과 변주를 시도하는 것이다.

삶의 아침에서부터 그 발걸음을 같이 하며 인간의 삶에 깊이 관여하면서 생활의 그릇으로 아니 시적 미학의 대상으로 반주를 한다.

자신의 시대와 나름대로의 독특한 모양이 하모니를 이루며 세상과 소통의 다리를 놓는다.

특히 인간적 물질문명의 오염에 환멸한 중요한 부위에 메스를 대며 시의 근원에 대하여 심오한 질문을 던진다.

시적 상황에 따라 그 탐미적 기능과 심미적인 아름다움에 몰두하고 있다.

그가 가슴의 깊은 우물에서 길어 올리는 감성의 에너지는 자못 살결의 향기로 아침의 밥상을 차린다. 그래서 그의 시는 때때로 삶의 몸짓을 타이르며 함께 걷는다.

그러면서 조형적인 디자인의 여러 조건을 충족시킬 수 있는 합리적이고 과학적인 미의식의 대상에서 해답을 찾아내고 있다.

거기에 시공간의 미감을 해치지 않는 범위의 심미적 언어는 미학적 변명으로 자리를 잡는

담담한 평정의 칼날 위에 언어의 달빛이 피를 묻히고 있다.

그럼 그의 삶 속에 삽화가 된 시 한 편을 감상해 보자

새벽을 가르는 벨 소리
예감은 소름이 끼치도록 정확했다
이복동생의 다급한 목소리
일순간 벽이 기우뚱거렸다
마음에 쌓은 벽 앞에 아버지가 있었던가
마지막이란 말이 비행기를 타게 했다

도피처가 또 있을까
미안하단 말 대신 눈물만 흘렸다
"받은 것이 없으니 줄 것도 없다"
이청준의 '눈길'을 읽으며 무장했는데
코마 앞에서 해제됐다

포천시 일동면 수입리 893번지 103호
좁디좁은 유배지

아버진 거기서 생면부지의 사람들과 살았다
산사라을 타고 오는 칼바람을 먹고
분한 맘이 목을 눌렀을 것이다
주인 잃은 운동화 한 켤레를 구름이 신고 갔다

용서는 처음부터 내 몫이 아니었다
벽이 무너지는 소리

유배는 끝났다

〈어떤 유배지〉전문

보통 '강'과 '산맥'은 어머니이자 아버지로 환유된다. 그 상황적 사유는 젖줄이며 뿌리가 아닌가. 시에서 '산자락을 타고 오는 칼바람을 먹고' 그 언어의 소리는 경계와 울이라는 구체적 모양으로 실현된 사유다. 또 다른 해답은 사람의 고정 관념화된 미적선입견으로부터 형상화된 것이다.

그렇다. 인간은 그릇을 통하여 저장기능을 충족시키며 그 외적 미관을 이용하여 공간을 장식하기도 한다. 어떤 사물에 대한 미적작용은 대단히 애절하고 다양하다. 지극히 고상함은 사람의 감관感官을 자극한다. 그 아름다운 자태는 인간의 고단한 삶의 일상을 순화시켜 휴식을 선물하기도 한다. 시공간에서 연출되는 시각적 감성感性은 시간의 노폐물을 정화 시킨다.

이제는 인간의 한에 대한 인식도 변화가 필요하다. 직접적 순기능도 중요하지만 기능에서 파생되는 나눔과 어울림이 간섭하여 용서와 화해의 신발을 찾아야 한다. 미적 감성의 의식화는 언제나 시공간에서는 과거적이고 시각적으로는 어떤 이미지의 회상적回想的이다. 그 과거적인 물체의 회상은 순수純粹의 의미를 갖는다. 즉 시에서 드러내는 심상적 품격을 사람이 느낄 때 미적 감흥을 의식한다. 미의 의미는 추상개념抽象槪念일 수도 있다. 이러한 추상적 개념을 어떠한 형태로 빚어내려는 시인의 의지가 다분하다. 이 또한 뿌리가 토양의 양분을 섭취하며 유전되는 종족의 헤게모니적hegemony적 앙살인 것이다.

그러면 미의 속성屬性을 살피기 위하여 다음 시의 반응反應을 엿들어 보자.

땅에 묻히면 돌아갈 수 없을까 봐
고운 분가루로 단장하고 나선 길
아비는 어미를 찾아 임진강을 건넜고
딸은 아비를 찾아 태평양을 건넜다

누구를 위한 향연인가
찬바람이 살을 깎는 바위틈에
울다 쓰러진 촛불들의 잔해
태우고 또 태우면 그리움이 삭을까
하나뿐인 하늘은 강물 속에 잠들고
겨울 강가 노송은
깊은 기침 토해낸다

떨어지지 않는 발걸음
애써 돌리려는데
흐려지는 눈앞에 일렁이는 얼굴
숨 죽여 흐느끼는 아버지의 강

〈아버지의 강〉 전문

시에서 그의 강물은 어떤 것일까? '고운 분가루로 단장하고 나선 길' ~ '숨 죽여 흐느끼는 아버지의 강' 여기서 '분가루'는 젖줄이며 '강'은 핏줄이 아닐까. 살결이자 숨결일 수도 있다. 사람이 추구하는 예술적 갈망의 감정적 욕구의식은 과거적인 이미지의 회상에서 새로운 형상의 충족된 현상現象으로서 나타난다. 그리하여 과거적인 이미지의 회상은 과거라는 시간개념時間槪念을 벗어나 직접적이고 실용적인 체험體驗의 사상事象으로 나타난다. 그 사상은 체험자에 따라 다양하게 표출表出될 수 있다. 그러한 의도에서 과연 회화적인 앙상블로 접근하는 것이 무엇일까? 그리움의 상차림에서 착안하여 마음의 그릇이 촛불이 된다. 그 근성을 최대한 수용하여 인간 본연적이며 자성적 감각을 염두에 두고 새로운 화해의 핏줄이 강줄기로 동화되기를 염원하는 게 아닐까. 우선 우울하게 빚어진 세월의 상처를 살 속에 묻는 것이다. 나아가 아픔의 벽을 허물고 운명적 노래로 편곡되어 현실의 피안에서 술래잡기가 아닌가.

다음 시의 계단을 내려오면 보이는 게 있다.

이 나이가 되어서야 알게 되었다
담쟁이가 어떻게 벽에 붙어
기어오르고 있는지를

무성한 넝쿨 뒤에서
죽을힘을 다해 벽을 움켜쥐고 있는
가녀린 손바닥을 보고야 만 것이다

힘줄이 끊어지는 고통을 견뎌내며
한 뼘 두 뼘 키를 키우고
담장 너머 꿈을 향해 도전하고 있었다

나보다 먼저
강하고 모질게
세상에서 살아남는 법을 익혔을 담쟁이

뜨문뜨문 보며
함부로 여겼던 세월이 그리고 우매함이
자꾸만 미안해졌다

〈담쟁이〉 전문

시는 언어가 물체의 선과 교차하면서 역동적이며 그 내면에 휘어지지 않는 고요한 생명력을 불어넣는다.

시상의 편견과 보편적 매너리즘을 탈피하여 새로운 대중적 매커니즘을 적용시킨다. 그의 시감은 시공간적 상황과 역사성을 감안하여 기발한 조형미의 패러다임마저 간과하지 않고 삶의 끈기와 은근을 구축하고 있다.

이를 근간으로 미적 연상連想의 시도가 구체적 삶의 몸살이 표상表象화 될 때, 어떤 실물의 사상이 외경畏敬스러울 때, 혹은 극도로 인간적일 때, 사람은 먼저 미의 환상적 개념에 사로잡힌다. 인간은 사물에의 시각적 욕망欲望을 넘어 본질적으로 물신적 욕구에 매달리게 마련이다.

그 내재內在된 욕구를 무상無常한 자연현상을 끌어들여 감상적 나르시스를 극복하려는 탄탄한 의지가 다분하게 작동하고 있다.

이와 같은 시도詩圖를 중심으로 다음의 시를 살펴 미완에서 얻어지는 시상의 몸짓을 만나보자.

모르는 척 외면하면

그리운 마음이 가려질까요

괜찮은 척 연기하면
울던 얼굴이 웃게 될까요

좋은 척 웃어주면
삼킨 눈물이 안보일까요

겨울이 여름인 척 하면
우리가 만나게 되는 걸까요
〈분꽃 3〉전문

지저귀는 새의 모가지는 선이 곱다. 또한 모가지가 긴 사슴은 슬프다 했다. 이처럼 외형적 모습에 따라서 미감美感도 다르다. 사람의 어떤 행상도 마찬가지다. 시간을 추스르는 모양과 모습을 때로는 '척' 하면 척해야 소통이 되는 세상 아닌가. 언어로 소조塑造를 빚는다고 다 언어의 그릇이 아니다. 어떤 소재로 어떻게 빚었는가에 따라 그 미감이 다를 것이며 그 안에 담긴 내용물도 미각味覺이 달라진다. 이것이 박인애 시인이 시도하는 시적 사유의 징검다리가 아닌가 싶다.

다시 말하면 아픈 상처의 감각을 과감히 허물고 가슴에다 삶의 미소와 일상의 질감에서 내뿜는 향기가 유별나도록 화창한 숨결의 분을 피우려는 꽃 몸살인 것이다.

사회적 굴레 안에서 자연과 인간이 서로 화친하는 소통의 가교가 되어 시인은 아픈 주사를 맞고 있는 것이다.

다음의 시는 더 깊은 심상에서 사상의 회초리를 든다.

몸은 생각할 줄 몰라 위선이 없다
마른 입술에 매달린 물집
타는 속내는 다스릴 수 있을까
떨어지지 않는 쇳가루처럼
인력으론 뗄 수 없는 탯줄의 자력
같은 몸인데 얼굴은 웃고 심장이 운다

앙칼진 천둥, 각혈하는 하늘
참을 게 없으니 행복하겠다
체한 밥알처럼 삭지 않는 그리움
울음의 끝에서 조차 토해낼 수 없으니
터진 입술 깨물며 또 삼킬 수밖에

비 맞는 숲이 아프다

〈비오는 아침〉전문

'비 맞는 숲이 아프다' 여기서 옷이 비에 찔리고 속살이 젖을 때 인간은 고개를 숙여 비로소 발등을 보게 된다. 가시에 찔린 옆구리보다는 자신이 찍은 발등이 훨씬 더 아픈 법이다. 모난 구석은 짠 파도에 씻기면 무디어 진다. 그러나 금이 간 양심은 약을 먹어도 잘 낳지 않는다.

이슬에 젖은 햇살을 먹어야 한다. '비오는 아침' 의 오후는 반드시 무지개가 뜬다. 이것이 바람과 사람의 이치가 아닌가. 여기서 인간의 정신과 물이 풍요롭게 어우러지는 박인애 시인이 서원하는 힐링healing의 언어가 부화된다.

그럼 찻잔에 여가의 단물을 붓고 다음 시를 읽어보자.

떠날 때를 놓친 새
주린 배를 채우기 위해
살얼음을 쪼아댄다
먹먹한 부리
감각 없는 발바닥
무엇에 정신을 팔았을까
내 땅이 아닌 곳에서
무슨 요행을 바랐던 것일까
그때 떠났어야 했다

낡은 트럭이 흘리고 간
존덴버의 목소리
"Take me home~
country roads~"

그리운 고향
혼자라는 게 두렵다
하류다
더 이상 갈 곳이 없다

새의 날개에 가시가 돋는다

〈하류〉전문

시인은 새와 가시의 심상을 디자인 한다. 상상을 떠나 구상화 시킨다. 차라리 언어의 씨앗을 잘 가꾸면 풍년이 드는 이치를 아는 것 같다. 시는 심상의 씨앗을 정신에 묻어 밥으로 경작하는 일이기에 그렇다.

심상은 예감과 직감을 사물에 물들이는 마음의 창이다. 언어가 땅을 밟을 때 사물의 뿌리와 이상의 근원은 발밑에 있는 법이다. 목마른 언어야말로 살 냄새가 난다.

사람의 물은 위에서 아래로 흐르며 시인의 구름은 밑에서 위로 흐른다. 구름은 건강한 시간의 행진이 되며 때 맞춰 내린 낭만의 비는 물레방아를 돌린다. 여기서 박인애 시인의 구름은 인생의 여정에 꽃비로 피고 지는 것이다.

'ㄱ'에서 'ㅎ'으로 이어지는 낯익은 길
더 이상의 보수 공사는 가능치 않다
먼지가 얼룩진 고가구처럼
제자리를 고집해 온 터줏대감들 사이로
밀물로 왔다 썰물로 빠져나간
사람의 발자국

차마 아물지 않은 상처
씻어 내고 싶은 푸른곰팡이
더러는 서지 않을 정류장의 시간표라서
손가락이 기억하는 전화번호까지도
이제는 놓을 일이다
답답한 공간 속에 가둬 둔다고
인연 아닌 사람이 함께 갈 수 있을까

침 묻은 수첩에 햇살이 들면
내 안에 서성이던 울림 하나가
군살을 밀고 날아가겠지

〈낡은 수첩〉전문

인식되는 모든 사물은 소리가 있다. 슬프고 고단한 삶의 질곡을 시의 언어로 변주 시킨다. 일상에서 건져 올린 삶의 편린片鱗들을 동사로 피워낸다. 마당의 화초에게 햇볕의 소리를 들려주는 것이다. 이처럼 기표와 기의의 혼합된 인식 안에서 그의 시적 갈등은 몸짓의 언어로 분출한다.

때때로 그의 시속에는 자신을 응시하는 언어의 가시가 날카롭게 일어선다. 그의 언어는 살결의 품에서 미적 감각의 현실로 이동하는 통로에 가로등이 켜진다. 시상적 감정에 저장된 기억의 상상을 언어의 물레로 직조하여 시공간의 물감을 변주의 바람으로 가위질을 한다. 그럼에도 사상의 숲길에는 풀들이 우산을 받고 걸어가도록 너그럽게 포용하고 있다.

그러면 다음의 시는 무엇이 어떻게 궁금할까.

해를 등지고 서면
아스팔트 위에 깔리는 나
찌든 얼굴도
희어진 머리카락도
멍든 마음도 보이지 않고
바람을 쫓는 머리카락 뿐

흑백필름 속에 감추어진 추억 한 장
펼쳐 안으면
간간히 울리는 흐느낌
네가 울 때 나도 울고
내가 웃을 때 네가 웃었지

떠나고 싶었던 날조차
말 못한 이유는
발끝에 붙어 평생을 떼어놓지 못한
내 그림자였기 때문이다

〈그림자〉전문

이 시는 고도의 가림과 절제로 많은 의미를 시사한다. 들판에 버려진 부목이 아니라 삶의 흔적으로 가슴의 맷돌을 돌려가며 애절하게 풀어져 부서지는 사유의 실타래가 질기며 온화하다. 자신이 딛고 온 정류장에게 늘 찬 물 한 잔을 주려고 깊은 샘에 두레박을 내리고 있다. 익은 사과를 따려다가 사과나무 가지를 부러뜨린 것이 자못 얼굴이 화끈거림을 숨기지 않는다.

성냥은 촛불을 피우고 촛불은 자신을 태워 주변을 환하게 하는 것이다. 그래서 촛물이 뜨거운 것이 아닐까.

여기서 다음의 시와 차 한 잔을 나누면 박인애 시인이 문을 연다.

창밖은 설국입니다
성에 낀 유리창에
빈틈이 보이지 않을 때까지
당신의 이름을 채워봅니다

이름이 눈물을 흘리네요
창을 타고 흘러내려요
이름만 썼을 뿐인데
마음까지 읽은 걸까요

이름은 녹였는데
얼음 같은 마음은 어떻게 녹일까요
쓰고 또 쓰고
수천 번 쓰다보면
봄꽃으로 돌아올까요

〈지우지 못한 이름〉전문

그의 시가 따뜻하게 부각되는 심상적 미학은 냉철한

언어의 직선에 있다. 직선이 꿈을 꾸면 곡선이 된다. 그래 그의 시는 겨울 장독대에 쌓이는 함박눈이다. 그 눈은 햇볕을 따 먹으며 마당을 적신다. 그가 체득한 이국적 삶의 리듬으로 허리를 숙여 종소리의 이삭을 주워 살아온 내력이 아픈 달빛이기도 하다.

낮달에게 길을 묻는 것이 바람의 길이기에 그렇다.

다음의 시를 마시면 그 맛이 깊다.

그날에
두고 온 발자국이
어쩌면 기다리기에
보고 싶은 정류장으로 나간다

달빛이 여문
창문을 열고
일어서는 햇살의 언어들이
바람을 밀면

오늘도
빨간 우체통에는
까치가 날아와 알을 품는다

〈그리운 엽서〉 전문

시인은 가끔 휴식과 안식의 나무그늘에 앉아 고향의 구름에게 안부를 묻는다.

동심의 고향은 고샅길에서 투영된 하나의 무늬다. 감성이 이완되지 않은 수채화의 여운이다. 바람을 물들이는 풍경의 종소리와도 같은 것이다. 그 내재된 풍경은 현실의 시공간 속으로 이동해 알을 품는 바람의 안온한 둥지다. 삶의 굴렁쇠가 낳는 악상인 것이다.

이처럼 박인애 시인이 구가하는 언어의 빛깔은 고단한 계단을 오르며 가슴의 불로 구워낸 심상이다. 결국 삶의 담금질이자 잘 익은 사과밭에 내리는 이슬이다. 그의 시적 토양에서 붉은 아침은 떠오른다.

다음의 시는 박인애 시인의 시세계의 품성品性과 품성稟性을 지닌 시집속의 백미다.

철지난 옷이 바람에 구겨져도
잘 익은 외딴 터에
가쁜 숨을 심다가

변두리 길가에 꽃말을 부축하며
이슬 묻은 삽질로
부러진 풋말을 세울 일이다
바람이여!
나뭇가지 붙잡고 춤을 추다가
엉킨 살 냄새가 익어 가면

비의 언어여!
누가 말하랴
넘어진 풀들을 일으키며
강물이 그냥 흘러가게
금이 간 길거리에 못질을 하다가
끊어진 다리는 잇고
갇힌 빗장은 풀어 주어
질긴 물감으로 살아가는 까닭을 말해야 한다

〈몸살이다〉전문

사람은 로고스Logos를 먹고 살며 새는 높은 하늘을 따먹고 살아간다. '엉킨 살 냄새가 익어가면' ~~ '빨간 우체통에는 까치가 날아와 알을 품는다' 이렇게 토로하는 시인의 시적 이데아는 사람과 바람의 근원적 교감의 시작에 있다.

박인애 시인은 사회적 불온한 알레르기를 심미적 미학의 아이러니로 세상의 병든 가지를 분지르며 시의 힘찬 줄기를 접붙이고 있다.

하늘의 구름이 제 길로 가는 줄 알지만 부러진 푯말을 다시 세우며 새 길을 내기도 한다. 그렇다. 구름이 바람을 등에 질 때 화단의 해바라기도 햇볕을 주머니에 담는다. 모든 현상의 사유는 홀로 있지 않고 관계 속에서 서로 화답하며 살아간다. 그는 숨결과 살결을 물결로 반죽하여 꿈결을 빚어내고 있다.

그러기에 그의 시상의 대지에는 부유浮遊하는 섬들이 있다. 그 섬에는 늘 상상과 꿈의 물이 드나든다. 그 섬의 바람에 언어의 물감을 들이는 것이다. 그것이 박인애 시인의 미적 사싱의 모자이크다. 마치 현실을 직시하는 풍경의 반응은 직선에서 곡선으로 이동하는 삶의 행로이자 시간의 정서에 노출된 물감의 흔적인 것이다. 오늘도 그의 시적 미학의 나루터는 그늘이 햇볕을 줍고 있다.

그가 추구하는 시의 수레는 물들은 바람과 그 길을 갈 것이다.

초판인쇄 | 2015년 10월 5일
초판발행 | 2015년 10월 7일

저　　자 | 박인애
펴 낸 곳 | 제3의 문학

주　　소 | 경기도 가평군 상면 축령로70번길 41-6
전　　화 | Seoul Office / (02)2279-3357~8
E-mail | 3munhak@hanmail.net

출판등록 | 2008. 8. 21 제1-2727호

가　　격 | 9,000원

ISBN 978-89-89629-01-6